DIESES BUCH GEHÖRT:

_____

HELDENHAFTE
VORLESE-
GESCHICHTEN

Grafik und Satz: awendrich grafix, Hamburg
Lektorat: Saskia Schmidt
ISBN 978-3-8455-1402-4
www.carlsen.de/nelson

#853236

INHALTSVERZEICHNIS

DER SATELLITEN-ABSTURZ

Die Fellfreunde sind aufgeregt. Heute wird eine extralange Folge ihrer Lieblingssendung „Apollo der Superhund" ausgestrahlt. Es sind noch ein paar Stunden, bis es losgeht. Deshalb spielt die PAW Patrol ein Superhunde-Spiel.

Rubble ist der Superhund Apollo und muss ein paar Kaninchen vor dem bösen Spinnenkönig retten. Chase, Marshall und Rocky haben sich Hasenohren aufgesetzt. Zuma fletscht die Zähne: Er spielt den Spinnenkönig!

„Niemand ist stärker als Apollo!", ruft Marshall, als Rubble auf seinem Skateboard um eine Ecke düst, um ihn hochzuheben und vor dem Spinnenkönig zu retten.

Gemeinsam rasen die Fellfreunde auf dem Skateboard weiter.

Leider verdeckt Marshall mit seinen Pfoten Rubbles Augen und die beiden stürzen auf den Boden.

„Niemand kann Apollo den Superhund schlagen – außer Marshall", sagt Rubble mit allen Pfoten von sich gestreckt.

In der Zentrale bereitet Ryder die Leckerlis und Würstchen für den Fernsehabend der Fellfreunde vor.

„Soll ich dir beim Vorkosten der Würstchen helfen?", fragt Rubble.

„Na klar", antwortet Ryder und schüttelt sich vor Lachen. Plötzlich beginnt sein PAW-Pad wie wild zu klingeln.

Zuerst erzählen ihm Jake und Everest, dass sie keinen Fernsehempfang haben. Dann berichtet Bürgermeisterin Gutherz von dem gleichen Problem. Ryder schaltet den Bildschirm der Zentrale ein. Auch hier ist nichts zu sehen. Die Fernseher in der Abenteuerbucht funktionieren nicht mehr!

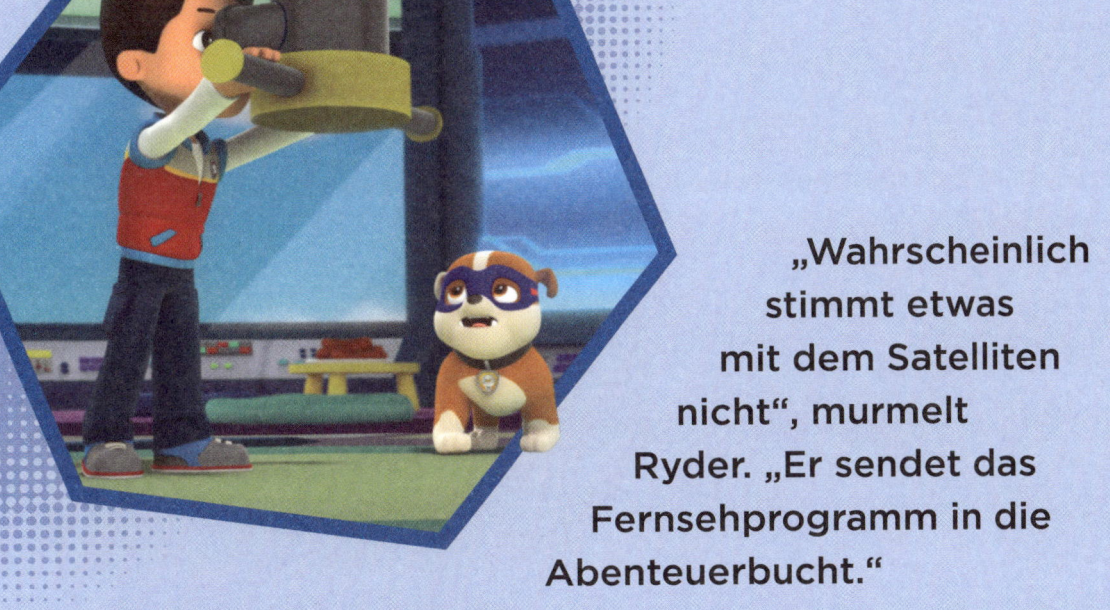

„Wahrscheinlich stimmt etwas mit dem Satelliten nicht", murmelt Ryder. „Er sendet das Fernsehprogramm in die Abenteuerbucht."

Ryder sucht den Himmel mit dem großen Fernrohr nach dem Satelliten ab. Schon bald hat er ihn gefunden.

„Oh nein, der Satellit hat seine Umlaufbahn verlassen", ruft Ryder alarmiert. „Er stürzt ab. Wir müssen ihn aufhalten!"

Mit seinem PAW-Pad ruft Ryder die PAW Patrol zusammen. „PAW Patrol, zum Air Patroller!"

An Bord des Air
Patrollers erklärt Ryder
den Fellfreunden ihre
neue Mission.

„Wir brauchen einen
Plan, mit dem wir
den Satelliten nicht
nur vor einem
Sturz auf die Erde
bewahren, sondern
ihn auch direkt zurück
ins Weltall schießen",
meint er.

„Also so etwas wie das Trampolin im Garten?",
fragt Marshall.

„Genau, nur größer", stimmt Ryder ihm zu.
„Ein Riesentrampolin!"

„Rocky, wir brauchen deine Werkzeuge und deine Ideen, um dieses Riesentrampolin zu bauen", fährt er fort.

„Rocky rockt, Ryder!", bellt Rocky. „Aus dem großen Fallschirm des Air Patrollers und ein paar Bungee-Seilen baue ich ein echtes Monstertrampolin. Nichts verschwenden, wiederverwenden!"

„Gut, das Trampolin spannen
wir über die Klapperschlangen-
Schlucht", sagt Ryder. „Skye,
nutze deine Turbo-Düsen-
Flügel, um zu dem Satelliten zu
gelangen und ihn in die richtige
Richtung zu stoßen."

„Ja, ich bin der Flughund",
bellt Skye und düst los.

Während Skye hoch im Himmel unterwegs ist, bastelt Rocky an dem Fallschirm. Doch Ryder braucht auch noch Rubbles Hilfe.

„Rubble, du wirst Rocky dabei helfen, unser Trampolin über die Schlucht zu spannen", bittet Ryder ihn.

„Rubble ist der Retter", bellt der Bau-Experte der PAW Patrol und eilt Rocky zu Hilfe.

Rocky schnallt seinen Flug-Rucksack um und springt aus dem Air Patroller. Rubble folgt ihm auf seinem Schwebebord.

„Seid ihr bereit?", fragt Ryder. „Es geht los:

Eins, *zwei ...* **drei!"**

Dann schubst er das zusammen-gerollte Trampolin von der Rampe des Air Patrollers. Rocky und Rubble fangen es zwischen sich auf.

„Ryder, ich kann den Satelliten durch die Nahaufnahme meiner Fliegerbrille sehen", meldet sich Skye über ihr Funkgerät. „Seine Antenne ist verbogen!"

„Ich verstehe", antwortet Ryder. „Du musst sie wieder gerade biegen und auf den richtigen Kurs lenken, während Rubble und Rocky das Trampolin aufspannen. Gut gemacht, Fellfreunde, weiter so!"

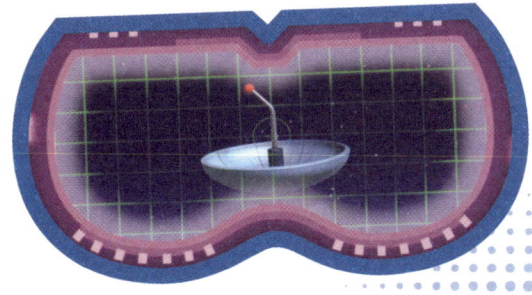

Skye fliegt auf den
Satelliten zu, hält sich
mit ihren kleinen
Pfoten unten an der
Antenne fest und
biegt den oberen Teil
wieder in die richtige
Position. Die Lichter an
dem Satelliten fangen
wieder an grün zu blinken.
Es hat funktioniert!

Währenddessen haben Rocky und Rubble das riesige Trampolin über die Klapperschlangen-Schlucht gespannt und an allen vier Seiten festgezurrt.

„Ich probiere das Trampolin mal aus", ruft Rubble und lässt sich von seinem Schwebebord hinunterfallen. Er prallt ab, fliegt wieder hoch, macht eine doppelte Luftrolle und landet sicher zurück auf seinem Schwebebord. „Das ist super!"

Hoch oben im Himmel bereitet Skye sich darauf vor, den Satelliten in die richtige Richtung zu lenken.

„Wuff, wuff, Düsen", bellt Skye. Sie schießt nach vorne und kann den Satelliten mit voller Kraft so verschieben, dass er nun genau auf das Trampolin zusteuert. Es scheint alles gut zu laufen, bis ...

BOING!

Eine riesige Sprungfeder knallt aus dem Satelliten und verfängt sich in Skyes Flügeln. Sie und der Satellit wirbeln in großen Kreisen durch den Himmel.

„Mir wird schwindelig", ruft Skye verzweifelt. „Es dreht sich alles!"

Der Satellit nimmt jetzt direkt Kurs auf die Abenteuer-bucht. Im Air Patroller halten Ryder und der Rest der PAW Patrol die Luft an.

„Skye, du musst deinen Flügel befreien – versuch dich etwas zu drehen", schlägt Ryder vor.

Ein paar Sekunden später kann Skye sich von der Sprungfeder des Satelliten befreien.

„Ich kann wieder los-legen!", ruft sie und wirft sich mit voller Kraft gegen den Satelliten. Im letzten Moment nimmt der Satellit wieder Kurs auf die Klapper-schlangen-Schlucht.

„Oh-oh, da kommt der Satellit ... Ich kann gar nicht hinsehen!", murmelt Rubble und verdeckt seine Augen mit den Pfoten.

Der Satellit rast auf das Riesentrampolin zu, fällt genau hinein, fliegt wieder nach oben und wird hoch hinaus in den Weltraum geschossen – direkt zurück auf seine Umlaufbahn. Der Plan der PAW Patrol hat gut funktioniert!

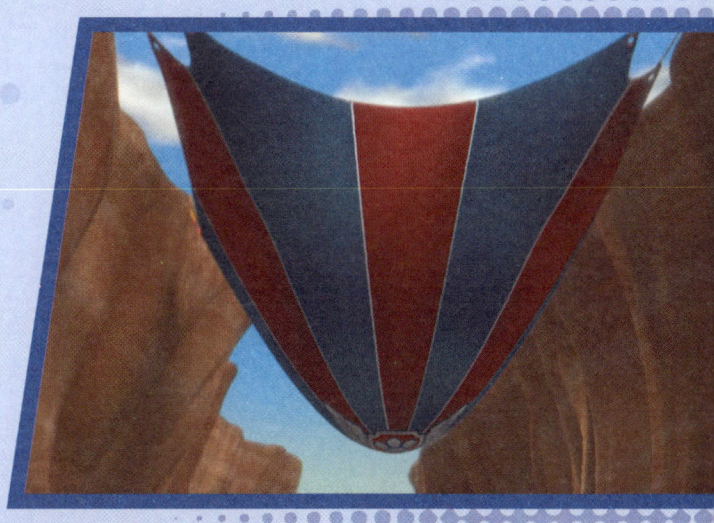

Nach und nach schalten sich alle Fernseher in der Abenteuerbucht wieder ein.

An Bord des Air Patrollers bellen die Fellfreunde laut vor Freude – sie haben den Fernsehabend gerettet!

Doch da ist noch ein anderes Geräusch. Rubbles Magen knurrt laut. Es ist höchste Zeit, zurück zur Zentrale zu fliegen.

Der Fernsehabend mit „Apollo der Superhund" macht den Fellfreunden viel Spaß. Vor allem Rubble, denn er mag Apollo den Superhund fast so gerne wie die Leckerlis von Ryder. Natürlich gelingt es Apollo rechtzeitig, seine Feinde zu besiegen.

„Apollo ist der Retter in letzter Minute", jubelt Rubble. „So wie die PAW Patrol! Gibt es noch mehr Leckerlis? Den Tag zu retten macht mich immer so hungrig!"

DIE RIESEN-PFLANZE

Die PAW Patrol
ist in ihrem
PAW Patroller
unterwegs in
den Dschungel,
um ihren Freund
Carlos zu besuchen.
Bürgermeisterin
Gutherz und Hennrietta
sind auch dabei.

„Das ist so aufregend.
Ich war noch nie im
Dschungel!", freut sich
die Bürgermeisterin.

Als kleines Geschenk für Carlos hat Bürgermeisterin Gutherz eine Pflanze mitgebracht.

„Hennrietta und ich haben die Pflanze in unserem Garten großgezogen. Wir haben sie Pflanzi genannt", erzählt Bürgermeisterin Gutherz der PAW Patrol.

„Pflanzi guckt fast so, als würde sie sich auch über den Ausflug freuen", meint Chase lachend.

Im Dschungel warten Carlos und Tracker schon auf ihre Freunde und begrüßen sie herzlich.

Im Namen der Abenteuerbucht bedankt sich Bürgermeisterin Gutherz bei Carlos für seine Hilfe bei zahlreichen Missionen der PAW Patrol und überreicht ihm Pflanzi.

„Was für ein tolles Geschenk, danke!", freut Carlos sich und erklärt der PAW Patrol, dass Pflanzen im Dschungel sehr gut wachsen, da der Boden voller Nährstoffe ist und es viel Sonne, aber auch viel Regen gibt. Rubble soll für die Pflanze eine kleine Grube graben.

„Rubble ist der Retter!", ruft Rubble und gräbt los. Bürgermeisterin Gutherz setzt die Pflanze behutsam in den Boden.

„Pflanzi, das
ist dein neues
Zuhause",
erklärt die Bürger-
meisterin stolz.

Pflanzi scheint sich
im Dschungel auf
Anhieb wohlzufühlen. Es
scheint sogar so, als wäre sie jetzt
schon ein bisschen gewachsen.

Plötzlich stellt Tracker seine Ohren auf.

„Ich höre, dass sich Tiere im Boden bewegen.
Es klingt nach … Schlangen-Babys", berichtet der
Dschungel-Fellfreund.

Die PAW Patrol möchte unbedingt die Schlangen-Babys sehen und bereitet sich auf einen Ausflug tiefer in den Dschungel vor. Der Bürgermeisterin läuft ein Schauer über den Rücken. Sie möchte lieber bei Pflanzi bleiben, als im Dschungel nach Schlangen zu suchen. Auch Marshall sieht nicht allzu begeistert aus von dem Ausflug.

„Ich bleibe hier und passe auf die Bürgermeisterin und Pflanzi auf", meint der Rettungshund und schaut seinen Fellfreunden hinterher, wie sie im Dschungel verschwinden.

Kaum sind Ryder und die Helfer auf vier Pfoten außer Sichtweite, hat Pflanzi plötzlich einen gewaltigen Wachstumsschub.

Die vorher so kleine Pflanze schießt in die Höhe und nimmt die Bürgermeisterin und Hennrietta mit. Die beiden sitzen hoch in der Luft auf einem der Blätter fest!

„Herrjemine, Pflanzi! Lass uns runter!", ruft Bürgermeisterin Gutherz verzweifelt und schaut nach unten.

„Wuff, wuff, ich komme schon", bellt Marshall. Er nimmt Anlauf, stürmt los und versucht an der Pflanze hinaufzuklettern. Doch Pflanzis Stamm ist zu rutschig, sodass Marshall immer wieder zu Boden gleitet.

„Oder auch nicht ..." Marshall seufzt.

Tief im Dschungel beobachten Ryder, Carlos und die Fellfreunde, wie ein paar Babyschlangen schlüpfen.

„Die sind total süß", staunen die Helfer auf vier Pfoten. Da klingelt Ryders Handy. Es ist Bürgermeisterin Gutherz.

„Hallo, Frau Bürgermeisterin. Wie sieht es aus?", fragt Ryder.

„Gut, von hier oben", meint die Bürgermeisterin. „Pflanzi ist ordentlich gewachsen und hat Hennrietta und mich mit in die Höhe gehoben. Wir kommen nicht mehr runter!"

„Keine Pflanze zu groß, keine Pfote zu klein!", ruft Ryder. „PAW Patrol, zurück zum PAW Patroller."

„Ryder braucht uns!", bellen die Fellfreunde und laufen so schnell es geht zurück zum PAW Patroller.

Marshall hat
es inzwischen
geschafft, schon ein
ganzes Stück an
Pflanzis Stamm
hinaufzuklettern. Da
leuchtet auch seine
Hundemarke auf.

Der Rettungshund lässt den Stamm los und schlittert
rundherum wie auf einer Rutsche wieder hinunter.

Am Ende des Stamms fliegt er in einem hohen
Bogen durch die Luft und landet kichernd bei seinen
Freunden im PAW Patroller.

„Freunde, das war eine coole Riesenrutsche", meint
der Rettungshund begeistert.

Ryder erklärt der PAW Patrol seinen
Plan zur Rettung der Bürgermeisterin.

„Marshall, du warst schon auf einem guten Weg. Ich
brauche dich und deine Feuerwehrleiter, um Bürgermeisterin Gutherz und Hennrietta von der Pflanze
herunterzuhelfen", sagt Ryder. „Chase, ich möchte, dass
du dein Netz aufspannst und für die Sicherheit sorgst,
falls jemand herunterfällt."

„Ich bin bereit! Wuff, wuff, Rettungshund", bellt Marshall.

„Das ist ein Fall für Chase", stimmt Chase mit ein.

Die Helfer auf vier Pfoten legen los!

Kurze Zeit später haben Marshall und Chase am Fuß der Pflanze alles für die Rettung der Bürgermeisterin vorbereitet und sind bereit.

„Halten Sie durch, Frau Bürgermeisterin!", ruft Ryder. „Wir holen Sie gleich herunter."

„Netz!", bellt Chase. Das Sicherheitsnetz schießt aus dem Rettungsfahrzeug und spannt sich zwischen Marshalls Feuerwehrauto und der Riesenpflanze auf.

„Leiter!", bellt Marshall jetzt und lässt seine Rettungs-
leiter entlang des Stamms der Pflanze bis zu dem
Blatt hochfahren, auf dem die Bürgermeisterin sitzt.

Bürgermeisterin Gutherz kriecht ängstlich an
den Rand des Blattes. Gerade als sie all ihren Mut
zusammennimmt, um hinabzusteigen, bemerkt sie,
dass sich eine Liane um ihren Fuß geschlungen hat.

Mithilfe seiner Kabel klettert Tracker in Windeseile an der Pflanze hinauf und schneidet die Ranke am Fuß der Bürgermeisterin mit seinem Universal-Werkzeug durch.

Erleichtert bewegt Bürgermeisterin Gutherz ihren befreiten Fuß und steht langsam auf. Doch in dem Moment beugt Pflanzi sich zu ihr herunter. Sie öffnet etwas, das wie ein riesiger, grüner Mund aussieht, und ...

... schnappt sich Hennrietta!

„Pflanzi! Wie kannst du nur? Wir haben uns doch so gut um dich gekümmert!", ruft Bürgermeisterin Gutherz und verliert vor Schreck das Gleichgewicht. Sie fällt am Stamm der Pflanze hinunter, aber landet wohlbehalten in dem aufgespannten Sicherheitsnetz.

Da kommt Carlos auf die Fellfreunde zu. Er hat in seinem Pflanzenlexikon eifrig danach gesucht, zu was für einer Art Pflanzi gehört.

„Das ist eine fleischfressende Pflanze", erklärt er. „Sie ernährt sich am liebsten von einer Art Insekten, die es nur auf der anderen Seite des Sumpfs gibt. Da gibt es auch andere fleischfressende Pflanzen und der Boden ist weniger fruchtbar."

Da hat Ryder eine Idee. Er ruft Zuma im PAW Patroller an.

„Zuma, fahr mit deinem Luftkissenboot auf die andere Seite des Sumpfs und sammle ein paar Insekten. Ich glaube, Pflanzi hat Hunger", ruft Ryder. Er hofft, dass die Pflanze so ihren Mund öffnen und Hennrietta freilassen wird. Um die Insekten anzulocken, befestigen die Fellfreunde einen Hundekuchen an Zumas Boot.

„Ab ins Wasser! Dann fahr ich mal Fliegenfischen", ruft Zuma. Der Plan der PAW Patrol funktioniert und ein Insektenschwarm folgt dem Luftkissenboot.

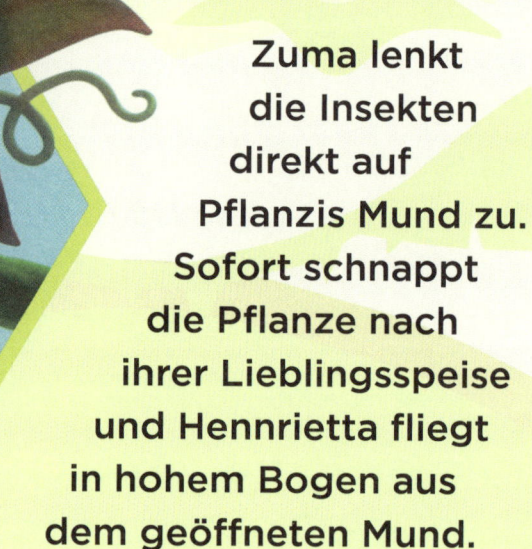

Zuma lenkt die Insekten direkt auf Pflanzis Mund zu. Sofort schnappt die Pflanze nach ihrer Lieblingsspeise und Hennrietta fliegt in hohem Bogen aus dem geöffneten Mund.

„Da bist du ja wieder, mein allerliebstes Lieblingshühnchen!", jubelt Bürgermeisterin Gutherz und knuddelt Hennrietta.

Nun muss die PAW Patrol sich noch um Pflanzi kümmern. Die Nährstoffe in diesem Boden sind so gut, dass die Pflanze immer höher wächst.

„Na Pflanzi, Lust auf einen Umzug?" Rubble grinst und beginnt Pflanzis Wurzeln mit seinem Bagger wieder auszugraben. Gemeinsam hebt die PAW Patrol die Pflanze aus dem Boden und befestigt sie auf dem Dach des PAW Patrollers. Ryder möchte Pflanzi in ein neues Zuhause auf der anderen Seite des Sumpfs bringen.

An ihrem neuen Platz inmitten ihrer Lieblingsinsekten und zwischen ihren Artgenossen fühlt Pflanzi sich direkt wohl.

„Danke, dass ihr Hennrietta und mich gerettet habt, PAW Patrol", sagt die Bürgermeisterin. „Und dass ihr Pflanzi ein neues Zuhause gegeben habt."

„Pflanzen-Hilfe holen ist ganz leicht, ein Anruf reicht!", sagt Ryder.

DER NEUE SPORTPLATZ

Die PAW Patrol hat sich auf ihrem Trainingsplatz versammelt. Die Fellfreunde müssen trainieren, denn sie werden an einem besonderen Sporttag in verschiedenen Disziplinen gegen Mara das Affenkind und ihre Familie antreten. Gemeinsam wollen sie mit dem Turnier Geld für ein neues Zirkuszelt sammeln.

Chase spielt den Ball zu Skye, ...

Marshall springt hoch zum Kopfball ...

die den Ball zu Marshall passt ...

und plumpst, ohne den Ball zu treffen, auf den Boden.

AUTSCH!

Der Zirkusdirektor
ruft Ryder auf
seinem PAW-Pad an.
Im Hintergrund hört
Ryder das Kichern von
Mara und ihrer Familie.

„Meine supersportlichen
Affen und ich kommen bald in der
Abenteuerbucht an. Bis gleich!",
ruft der Zirkusdirektor ins Telefon.

Ryder trommelt die Fellfreunde auf
dem Trainingsplatz zusammen.

„Okay, PAW Patrol! Lasst die Spiele beginnen! Aber
erst müssen wir alles zum Sportplatz rüberbringen",
feuert Ryder die Helfer auf vier Pfoten an.

In dem Moment klingelt
Ryders PAW-Pad. Bürger-
meisterin Gutherz ruft ihn an.

„Hallo, Ryder! Ich habe
schlechte Nachrichten", sagt die
Bürgermeisterin. „Die Sprinkleranlage
auf dem Sportplatz war die ganze Nacht an.
Jetzt ist alles schlammig und rutschig. Ihr könnt
dort nicht spielen!"

„Kein Problem, wir finden einen anderen Platz",
antwortet Ryder. „PAW Patrol, zum PAW Patroller!"

„Wir brauchen einen neuen Sportplatz", erklärt Ryder den Fellfreunden im PAW Patroller. „Vielleicht kann Bauer Alfred uns helfen?"

Sofort ruft er ihren Freund auf dem Bauernhof an und erzählt ihm von der Sportveranstaltung.

„Meine Schafe und ich leihen euch gerne die Weide für diese besonderen Spiele", meint Bauer Alfred. „Leider ist die Weide im Moment voller Gras und Steine ..."

„Darum kümmern wir uns", meint Ryder. „Bring deine Schafe nur sicher zurück in die Scheune."

„Ich helfe euch gerne", sagt Bauer Alfred.

„Määääh", macht eines der Schafe.

Sobald die Helfer auf vier Pfoten an der Weide angekommen sind, macht Rubble sich an die Arbeit. Es ist ganz schön mühsam, den gesamten Boden umzugraben, damit ein Sportplatz gebaut werden kann.

„Es wird eine Weile dauern, bis ich jeden dieser Steine weggeschafft habe", warnt Rubble Ryder.

Ryder grübelt kurz und hat dann einen neuen Plan. Zuerst ruft er den Zirkusdirektor an.

„Können Ihre Affen Brennball spielen?", fragt Ryder den Zirkusdirektor.

„Natürlich", antwortet der Zirkusdirektor. „Meine sportlichen Affen können absolut jede Art von Ballsport spielen!"

Ryder legt auf und dreht sich zu Rubble um.

„Wir bauen ein Brennballfeld, das ist einfacher", erklärt er dem Bau-Experten der PAW Patrol.

„Schaufel los!" Rubble lacht und macht sich ans Werk.

Sobald das Spielfeld fertig umgegraben ist, soll Marshall die Spielfeldlinien mit seinem Schlauch fein säuberlich auf den Boden spritzen.

„Wuff, wuff, Farbdüsen!", bellt Marshall und die Düsen schießen aus seinem Rucksack. Währenddessen kramt Rocky in seinem Recyclingtruck und findet die perfekten Kacheln für die Stationen an den Ecken des Spielfelds.

Der Zirkusdirektor und seine supersportliche
Affenmannschaft treffen an dem neuen Brennball-
Spielfeld ein. Dank der PAW Patrol ist alles bereit für
das besondere Spiel. Auch Bürgermeisterin Gutherz
und Hennrietta wollen sich das Spiel zugunsten
eines neuen Zirkuszelts nicht entgehen lassen und
sind mitgefahren.

„Viel Spaß und ein gutes Spiel für alle!", wünscht die
Bürgermeisterin den beiden Mannschaften.

„Jetzt spielen wir Ball!", ruft der
Zirkusdirektor begeistert.

Von Spielbeginn an zeigen die PAW Patrol und die flinken Zirkusaffen ihr beeindruckendes Können mit dem Ball.

Die PAW Patrol schießt die Bälle raketenschnell über das Feld.

Die Affen zeigen coole Zirkustricks.

Aus der Scheune schauen Bauer Alfreds Schafe staunend dem bunten Treiben auf ihrer Weide zu. Ein kleines Lamm läuft sogar auf das Spielfeld, um mitzuspielen!

Das Spiel läuft super, aber dann entdeckt ein Adler hoch oben am Himmel den lustigen, hüpfenden Ball. Der Adler rast im Sturzflug herunter auf das Spielfeld, schnappt sich den Ball mit seinen Krallen und verschwindet in Windeseile wieder. Die PAW Patrol kann nichts mehr machen.

„Was für ein dreister Vogel, klaut einfach unseren Ball!", kreischt Bürgermeisterin Gutherz.

Ryder ruft die passenden Fellfreunde für diese Mission zusammen.

„Rubble, wir brauchen dich und deinen Bagger, um die Weide platt zu walzen und das Spielfeld zu bauen. Marshall, du kannst mit deinen Düsen die Farbe für die Spielfeldmarkierung auftragen", sagt Ryder.

„Rubble ist der Retter", bellt Rubble.

„Wuff, Marshall macht's", stimmt Marshall mit ein.

Kurze Zeit später sind Ryder, Rubble und Marshall auf dem Weg zu Bauer Alfred. Nichts wird die PAW Patrol davon abhalten, das Geld für das neue Zirkuszelt zu sammeln. Die Helfer auf vier Pfoten legen los!

Ryder folgt dem fliegenden Adler mit dem Blick durch sein Fernglas.

„Er fliegt zurück in sein Nest hoch oben auf dem Berg", berichtet Ryder den Fellfreunden. „Skye, wenn du mit dem Helikopter hoch zum Berg fliegst und den Adler ablenkst, kann Everest mit ihrem Wurfhaken den Berg erklimmen und den Ball zurückholen."

„Ja, ich bin der Flughund!", bellt Skye und schaut
ängstlich hoch zum Berg. „Auch in Adlernähe …"

„Weg von zu Haus', kenn ich mich aus", stimmt Everest
mit ein und fährt in Richtung der Berge.

„Die Pfotenmission geht los!", sagt Ryder und macht
sich mit Skye und Everest auf den Weg.

Die Fellfreunde fahren bis zum Fuß des Berges.
Von hier geht es für Skye hoch in der Luft weiter
und Everest macht sich bereit für den Aufstieg auf
den Berg.

„Skye, sorge dafür, dass der Adler nur noch dich
im Blick hat und nicht mehr
Everest", sagt Ryder und
Skye macht sich mit ihrem
Helikopter auf den Weg.

„Komm schon, Adler, versuch mich zu fangen!", ruft Skye mutig, als sie hoch oben am Nest ankommt. „Aber versuche es nicht allzu sehr, dein Schnabel ist ja riesig ..."

„Wuff, wuff, Wurfhaken!", bellt Everest und klettert außer Sichtweite für den Adler auf den Berg.

Oben am Nest angekommen wartet eine Überraschung auf Everest.

„Hier sind zwei Adlerjunge, die mit unserem Ball spielen", berichtet sie Ryder und Skye. „Wir können ihnen nicht einfach das Spielzeug wegnehmen."

„Wir können den Ball gegen meine Aufziehmaus tauschen", schlägt Skye vor und fliegt nah an das Nest heran, um ihr Spielzeug im Nest abzulegen.

Die beiden Küken freuen sich über ihr neues Spielzeug. Everest stupst den Ball an und er rollt den Berg hinunter zu Ryder.

„Super gemacht", lobt Ryder die beiden. „Und es ist wirklich nett von dir, dass du dein Spielzeug abgegeben hast, Skye."

Sofort machen Ryder, Skye und Everest sich auf den Weg zurück zum Spielfeld.

„Hier habt ihr den Ball zurück", ruft Ryder und lässt den Ball zurück auf das Feld hüpfen.

Marshall ist an der Reihe und ihm gelingt ein super Wurf. Die PAW Patrol gewinnt das Spiel! Aber den Affen macht es nichts aus, dass sie verloren haben, denn gemeinsam haben die beiden Mannschaften genug Geld für ein neues Zirkuszelt gesammelt.

„Tausend Dank an Ryder und die PAW Patrol!", jubelt der Zirkusdirektor. „Ihr habt das Spiel gerettet. Und damit auch unser neues Zirkuszelt!"

„Kein Problem! Hilfe holen ist ganz leicht, ein Anruf reicht", sagt Ryder lachend.

„Wuff, wuff! Und das war ein Ruf nach leckerem Futter", bellt Marshall.

Ryder verteilt Hundekuchen an die PAW Patrol und Bananen an die Affen. Heute ist jeder ein Gewinner!

AFFEN-ALARM

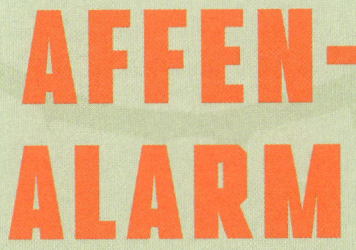

Die PAW Patrol ist heute bei ihrem Freund Carlos im Dschungel unterwegs. Sie helfen ihm beim jährlichen Gesundheitscheck der Affen.

Marshall gibt sein Bestes, um alle Affen zu erwischen und zu untersuchen, aber die flinken Tiere sind viel zu aufgeregt, als dass sie stillsitzen könnten. Zum Glück hilft es, sie am Rücken zu kratzen, um sie zu beruhigen. Und Rockys Greifarm ist der weltbeste Rückenkratzer!

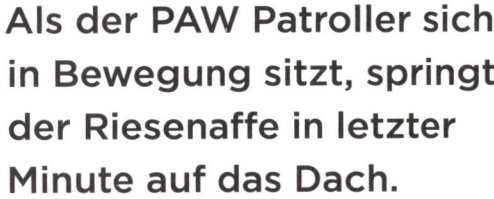

Chase und Zuma suchen den Dschungel ab, um zu sehen, ob sich Affen vor ihnen versteckt haben.

„Ich glaube, wir haben alle Äffchen untersucht", meint Zuma.

Die PAW Patrol packt zusammen und macht sich bereit für die Abreise mit dem PAW Patroller. Doch da blinzelt ein großer Affe hinter einem Felsen hervor ... Dieser Affe hatte noch keine Untersuchung. Und es hat ihm auch niemand den Rücken gekratzt. Als der PAW Patroller sich in Bewegung sitzt, springt der Riesenaffe in letzter Minute auf das Dach.

Auf dem Rückweg in die Abenteuerbucht bleibt der große Affe auf dem Dach sitzen und isst Bananen. Doch als der PAW Patroller die Stadt erreicht, braucht der Affe dringend etwas, um seinen Rücken zu kratzen. Und hier gibt es so viele Möglichkeiten!

Er versucht sich an dem Limo-Becher auf dem Dach von Herrn Pfeffers Restaurant zu schubbern. Leider ist der Affe so groß und stark, dass er den Trinkbecher einfach umwirft.

Genau das Gleiche passiert mit der Statue von Hennrietta. Wo kann der große Affe seinen Rücken kratzen?

An dem Turm auf dem Rathausdach! In Windeseile erklimmt der große Affe das Rathaus. Dort entdeckt ihn Bürgermeisterin Gutherz. Aufgeregt kramt sie ihr Handy aus der Tasche, um Ryder anzurufen.

„Ryder, ich brauche euch", ruft die Bürgermeisterin. „Da ist so etwas Großes ... Zotteliges ... Herrjemine!"

„Keine Sorge, Frau Bürgermeisterin! Kein Zottel zu groß, keine Pfote zu klein", antwortet Ryder beruhigend. „PAW Patrol – zur Zentrale!"

„Ryder braucht uns!",

rufen die Fell-freunde aufgeregt und haben sich im Nullkommanichts in der Zentrale aufgereiht. „Die Helfer auf vier Pfoten sind bereit, Ryder!"

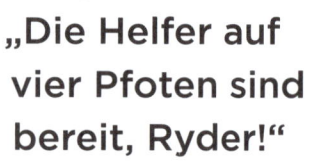

Ryder berichtet der PAW Patrol von dem zotteligen Riesenaffen in der Abenteuerbucht.

„Wir bringen ihn besser wieder nach Hause, bevor er noch mehr Affenzirkus macht", sagt Ryder. „Tracker, zieh mit deinem Geländewagen den Anhänger mit dem Katapult. Rocky, du feuerst mit dem Werfer Bananen auf die Straße und legst so eine Spur zum PAW Patroller."

Ryder, Tracker und Rocky finden den Zottelaffen gerade rechtzeitig, denn der ist dabei, alle Bananen an Herrn Pfeffers Stand zu vernaschen!

„Machen Sie sich keine Sorge, Herr Pfeffer", beruhigt Ryder den verschreckten Ladenbesitzer. „Ich habe einen Plan. Dafür brauche ich nur ein paar der Bananen."

Tracker schnappt sich mit seinen Kabeln die Bananen und lässt sie zu Rocky hinübergleiten. Rocky verstaut die Bananen in dem Anhänger, auf dem auch das Katapult steht.

„Wuff, wuff, Greifer!", bellt Rocky und belädt das Katapult mit der ersten Banane.

„Feuer frei!",

ruft Rocky und schießt die erste Banane auf die Straße, um den Affen in die richtige Richtung zu locken.

Trackers Geländewagen fährt langsam weiter und Rocky feuert immer weiter Bananen ab.

Doch der riesige Affe scheint sich nicht wirklich für die Bananenspur zu interessieren. Sein Blick hängt an etwas ganz anderem ... nämlich an Rocky!

„Na klar! Der Affe möchte seinen Rücken mit dem besten Rückenkratzer der Welt gekratzt haben!", meint Ryder.

Und Ryder hat recht. Rocky kratzt den Rücken des Riesenaffen mit seinem Greifer. Das gefällt dem Riesenaffen so gut, dass er Rocky hochhebt, damit Rocky ihn überall an seinem großen Rücken kratzen kann.

„Kannst du Rocky bitte wieder runterlassen?", fragt Ryder den zotteligen Riesenaffen.

Doch der Affe hört gar nicht zu und läuft einfach die Straße runter. Den armen Rocky nimmt er mit! Ryder springt auf sein Quad und verfolgt die beiden bis zu der Brücke. Marshall und Rubble sperren die Brücke von der anderen Seite.

Der Zottelaffe zögert nicht lange. Er springt ins Wasser, schwimmt den ganzen Weg zur PAW-Patrol-Zentrale und klettert bis zu ihrer Spitze. Dabei trägt er Rocky die gesamte Zeit unter dem Arm.

Zuma reagiert blitzschnell und bewegt das Fernrohr der Zentrale auf und ab. Das ist der perfekte Rückenkratzer für den zotteligen Riesenaffen! Voller Freude lässt der Affe Rocky endlich los.

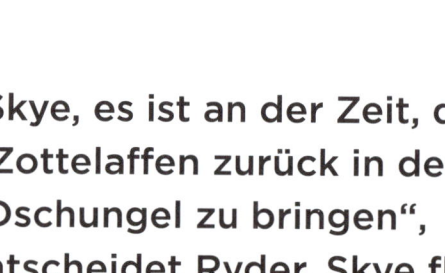

„Skye, es ist an der Zeit, den Zottelaffen zurück in den Dschungel zu bringen", entscheidet Ryder. Skye fliegt mit einer lecker duftenden Bananenstaude unter ihrem Helikopter zuerst hoch zu dem zotteligen Riesenaffen und dann langsam hinunter auf die Straße.

Der Zottelaffe folgt den Bananen bis auf den Boden. Dort wartet schon Rocky, der etwas Besonderes für den zotteligen Dschungelfreund gebastelt hat.

„Das ist ein Geschenk, damit du mich nicht vergisst", sagt Rocky lachend.

Es ist ein riesiger Rückenkratzer!

Überglücklich setzt der Zottelaffe sich wieder auf das Dach des PAW Patrollers. Nun ist er bereit, in den Dschungel zurückzukehren: mit vielen leckeren Bananen und einem eigenen, extra-großen Rückenkratzer.